# Los ani[...]
# bosque tropical



por Melissa Burke
ilustrado por Burgandy Beam

**Scott Foresman**
**is an imprint of**

PEARSON

Glenview, Illinois • Boston, Massachusetts • Chandler, Arizona
Upper Saddle River, New Jersey

Illustrations by Burgandy Beam

ISBN 13: 978-0-328-53292-6
ISBN 10: 0-328-53292-4



2 3 4 5 6 7 8 9 10 V0N4 13 12 11 10

En los bosques tropicales del mundo hace mucho calor. Son lugares muy verdes porque llueve mucho. Por eso hay mucha humedad, aunque estén lejos del océano. Allí viven muchas plantas y animales salvajes con sus crías. Vas a leer sobre estos animalitos en este libro.

**Éste es un bosque tropical.**

Hay insectos que zumban por todos lados. Cuando nacen, algunos insectos se parecen a sus padres. Otros no se parecen en nada hasta que crecen. Una mariposa comienza su vida como una oruga. Luego la oruga se vuelve mariposa. ¡Qué gran cambio!

**Las orugas se alimentan de hojas.**

La nariz del tapir es un hocico. Se parece a la trompa de un elefante pequeño. El tapir adulto y sus crías lo usan para olfatear y agarrar las hojas y las frutas que comen. Las crías del tapir tienen rayas y manchas. Entre los seis y los ocho meses desaparecen las rayas y las manchas. Entonces las crías se ven como los adultos.

**Las manchas y rayas ayudan a las crías de tapir a esconderse.**

Este loro alimenta a sus crías. Mastica nueces para dárselas a sus bebés. Las crías no se parecen mucho a sus padres. Pero pronto se parecerán. ¡Entonces será el momento de volar!

**Los loros adultos tienen plumas de colores.**

Estos gemelitos son monos tití. Casi siempre nacen dos a la vez. Los monos adultos protegen a sus crías con mucho cuidado. Los llevan en el lomo de árbol en árbol. Los alimentan y juegan con ellos. También les enseñan a hacer cosas. ¿Se parecen estos monitos a su mamá?

**Los monos tití viven en la copa de los árboles.**

¿Quiénes cuelgan de ese árbol? ¡Un perezoso y su bebé! Estas crías se parecen mucho a sus padres. Los perezosos se la pasan colgados de los árboles. Los bebés se abrazan a la panza de su mamá. ¡Mira cómo se mecen! Pero no se mueven rápido. Los perezosos son muy lentos.

**Los perezosos se confunden con las ramas por su color.**

Algunos animalitos se parecen a sus padres. Otros no. Todas las crías crecen y cambian. Al crecer, se parecerán más a sus padres. ¿Conoces otros animalitos del bosque tropical? ¿Se parecen a sus padres?

# ¡Inténtalo!

## Libro de animalitos del bosque tropical

Haz un libro sobre los animalitos del bosque tropical. Muestra cómo son cuando nacen, cómo cambian y crecen en el bosque tropical.

## ¡Se hace así!

1. Elige un animalito del bosque tropical. Puede ser uno de este libro o cualquier otro del que has leído antes.
2. Haz el libro. Pega un lado de una hoja pequeña de papel en una hoja más grande. Dóblala hacia atrás. Debe abrirse como una puerta.
3. Dibuja tu animalito del bosque tropical en la solapa.
4. Abre el pliegue. Haz un dibujo de cómo será el animalito cuando crezca.
5. En la parte de atrás, escribe algo sobre el animalito y el animal adulto.
6. Muestra tu libro a otras personas.